¡Es solo piel, oye!

DR. NINA JABLONSKI Y DR. HOLLY Y. MCGEE
ILUSTRADO POR KAREN VERMEULEN
PREFACIO DEL DR. HENRY LOUIS GATES, JR.
TRADUCCIÓN SYLVIA AGUILAR ZÉLENY

PUBLICADO POR POWERSQUARED,
SELLO DE CATALYST PRESS
ORONO, MAINE

© Nina Jablonski y Holly McGee, 2023

Ilustraciones © Karen Vermeulen 2023

Traducción Sylvia Aguilar Zéleny

No se permite la reproducción total o parcial de este libro en ningún medio sin el permiso escrito y previo del editor, excepto por breves citas para reseñas.

Para más información, escriba a info@catalystpress.org

En Norteamérica este libro es distribuido por

Consortium Book Sales & Distribution, una división de Ingram.

Teléfono: 612-746-2600

cbsdinfo@ingramcontent.com

www.cbsd.com

En Sudáfrica, Namibia y Botswana,

este libro es distribuido por Protea Distribution.

Para información escriba a: orders@proteadistribution.co.za.

PRIMERA EDICIÓN

10 9 8 7 6 5 4 3 2 1

Portada dura - ISBN 9781966783008

Portada blanda - ISBN 9781966783015

ebook - ISBN 9781966783022

Número de control de la Librería del Congreso: 2025936328

*Para Sindiwe Magona y Njabulo Ndebele,
quienes les dieron palabras al fuego.*
—NINA JABLONSKI

*Para cada niño que ya es lo suficientemente inteligente
como para saber que el color no importa cuando
se trata de ser una buena persona.*
—HOLLY Y. MCGEE

A mis ahijados Maya y Jude.
—KAREN VERMEULEN

PRÓLOGO

Las niñas y los niños son esponjas súper absorbentes Observan con gran atención y una conciencia plenamente abierta, captan pistas rápidamente, a menudo sin que nadie diga una palabra. Cuando son pequeños, los niños prestan mucha atención al trato entre sí, al principio no consideran las diferencias del color de piel. En muchos casos, solo notan estas diferencias con reacciones neutrales, es decir, cuando alguien se las señala. Pero cuando comienzan a notar el color, también empiezan a prestar atención a cómo los demás ven el color, y a la diferencia que ésta hace. Observan y escuchan las reacciones de los adultos, y crean sus ideas sobre ellas.

Los niños que crecen en lugares donde el color de la piel se asocia con nociones de valor humano, aprenden que el color de la piel, más que un rasgo, es un destino. ¿Cómo podemos guiar a nuestras hijas e hijos hacia una comprensión diferente y, eventualmente, cambiar la forma en que las personas piensan sobre el color de la piel?

Una manera de hacerlo es a través de mensajes educativos claros y fáciles de comprender para que nuestros niños, sus cuidadores y maestros puedan entender sin dificultad. En *¡Solo es piel, oye!*, Nina Jablonski y Holly McGee ofrecen un libro irresistible y hermoso, perfectamente elaborado y con un diseño brillante que explica por qué la piel viene en distintos colores y por qué nuestro propio y hermoso tono—cualquiera que éste sea—nos hace espléndidamente humanos.

Este pequeño tesoro debería ser una lectura obligatoria en todas las escuelas preescolares y escuelas primarias de nuestro país. Porque si queremos derrotar las fuerzas del odio étnico, la xenofobia y el racismo—todas justificadas en nombre de las diferencias físicas, especialmente el color de la piel—debemos comenzar educando a los niños desde una edad temprana sobre historia de la raza y el racismo. Cuando los niños adquieren un conocimiento básico de por qué los seres humanos varían en el color de su piel y sobre conceptos de raza y jerarquías de color, empiezan a entender de inmediato la falacia inherente del racismo. No he encontrado un libro infantil que reúna todo esto de manera más efectiva ¡y entretenida!

¡*Solo es piel, oye!* ofrece a los niños el regalo de entender y disfrutar de su propio color de piel y el de sus amigos. Podría combatirse tanta maldad si exponemos a nuestros niños al hermoso mensaje que radica en el corazón de este encantador librito.

— Henry Louis Gates, Jr.
Universidad de Harvard

Me llamo Epi!
Epi Dermis,
pero la mayoría de mis
amigos solo me llama "Piel".

Es lindo conocerte
al fin.

¿Adivina qué? Anda... ¡adivina!

¡Trepo por todo tu cuerpo!

¡Estoy debajo de tus brazos!

¡Estoy en tus pies!

¡Estoy en tu cuello!

... ¡hasta estoy en tu panza!

Tienes mucha suerte de tenerme, porque yo te mantengo cómodo y seguro.
Te digo montones de cosas sin decir una palabra.

Cuando algo te pica o te toca,
¡siempre soy la primera
en saberlo!

Cuando hace frío afuera,
te pongo la piel de gallina para
que sepas que debes abrigarte.

Cuando hace calor afuera, sudo para ayudar a que te refresques...

Cuando me siento seca y con picazón... si no es un piojo, probablemente solo necesito un poco de crema humectante.

La verdad es que soy importante
y lo puedo comprobar.

Levanta la mano si...

¡TÚ SUDAS,

TE BRONCEAS,

TE IRRITAS,

TIENES CABELLO,

TIENES PECAS!

No puedes escaparte de mí. ¿Y por qué querrías hacerlo?
Tu cuerpo está compuesto en su mayoría por agua y sin mí,
solo serías un charco en el piso.

¿Te imaginas?

¡La piel hace que todo esto suceda!

Correcto, ¡YO!

Soy el órgano que trabaja más duro en este negocio llamado cuerpo.

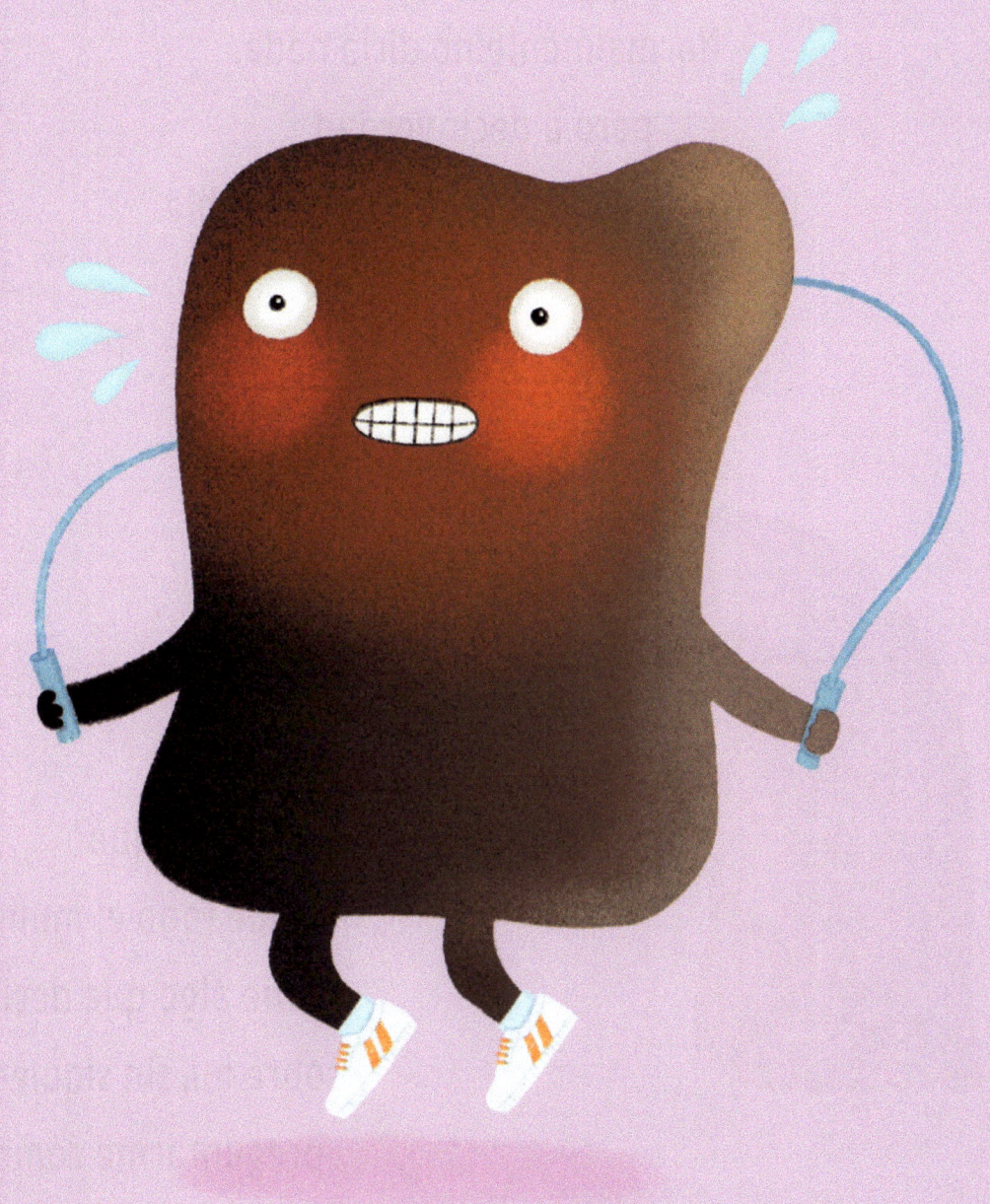

Normalmente no diría nada,
pero a decir verdad,
últimamente me siento muy sensible.

¿Por qué?
Porque todo el mundo
tiene algo que decir
sobre mí, sin siquiera
preguntarme cómo
me siento.

La gente no siempre dice la verdad acerca de mí, y esas mentiras pueden lastimar.
El color no hace que una persona sea amable, grosera, rápida, fuerte
inteligente o aterradora.

A veces quiero gritar, "¡Solo es piel, oye!"
pero ni siquiera sé si alguien le pondría atención
a un pedacito de piel como yo.

Oye, espera un minuto...
¿si te digo a ti sobre mí,
tú me ayudarías a
contarles a los demás?

¡GENIAL! Porque nadie me conoce mejor que yo.
Te lo puedo comprobar. ¡Anda, pregúntame cualquier cosa!

¿Por qué tenemos vello en nuestra piel?

¿Por qué nuestra piel suda?

¿Por qué la piel es de colores distintos?

¿Por qué el sol hace que tu piel cambie de color?

¿Por qué a la gente le importa el color de la piel?

¡Wow, qué buenas preguntas!
Y tienes suerte, como he estado
por todo el mundo, ¡tengo respuestas!

¿No me crees?
Solo mira mi pasaporte.

Hace mucho, mucho, mucho tiempo
antes de que hubiera gente en el mundo
nuestros **antiguos ancestros** estaban **cubiertos** de **pelo**.

Éramos bastante inteligentes, pero difícilmente podías distinguirnos entre las otras criaturas de cuatro patas.

 **Nuestros ancestros** lejanos eran nuestros parientes los simios.

Nuestros ancestros lejanos vivían en bosques forestales y caminaban en cuatro patas. Su pelo los protegía del sol, entibiaba sus cuerpos y servía de camuflaje.

Los **ancestros humanos** comenzaron a hacer las cosas un poco diferente.

El **cabello** es esa cosa fibrosa que sale en lo alto de nuestra cabeza y en algunos otros lugares. Nuestro cabello es como el de algunos otros animales, excepto que el nuestro crece y crece y crece...

Les tomó mucho, mucho tiempo a nuestros ancestros ponerse de pie y comenzar a caminar más allá de los sombríos bosques.

Levantarse y viajar hacia nuevos lugares donde el sol brillara más, significaba que sus cuerpos ya no necesitaban todo ese vello para sobrevivir.

Los **humanos ancestrales** vivieron hace millones de años. Son nuestros antiguos parientes. Caminaban sobre dos piernas, eran inteligentes y fabricaban todo tipo de herramientas. La mayoría de ellos vivió en África.

Sus cuerpos se adaptaron—
poco a poco cambiaron de manera natural en respuesta al medio ambiente—
y perdieron casi todo el grueso vello que cubría sus cuerpos.

¡Y ahí es donde entro yo!

Hoy en día, protejo tu cuerpo de adentro hacia afuera.
Si tienes calor, haces mucho ejercicio, si te enfermas de fiebre o si te asustas mucho, produzco más humedad para ayudar a mantenerte fresco.

Uso el sudor—el agua de tu propio cuerpo—para evitar que te acalores. Así que está bien si se te humedece un poco la frente, debajo de los brazos o incluso las manos. Esa soy yo manejando el calor o el sol, eso es exactamente lo que la piel debe hacer.

¡Pero a veces, lidiar con el sol puede ser muy difícil!
El sol no brilla uniforme en la Tierra. Algunos lugares reciben más luz y calor que otros. Hay lugares cerca del ecuador que reciben mucho más.

Eso puede ser duro para la piel. Tengo que ser muy cuidadosa con el sol. Si alguna vez me bronceo o me quemo, es que los **rayos ultravioletas** me han lastimado. Si tengo suficiente melanina, me broncearé, pero si no... ¡ay!

Los **rayos ultravioletas (UV)** son lo más poderoso de la luz solar. Nuestros ojos no pueden verlos, los rayos UV pueden dañar nuestra piel, nuestros ojos y muchas cosas vivas. En pequeñas dosis, algunos rayos UV son beneficiosos porque inician el proceso de producción de vitamina D en nuestra piel.

Alrededor del mundo, existen diferentes **climas** dependiendo de qué tan fuerte sea el sol. Estas condiciones son tan diferentes que tuve que adaptarme—o cambiar —para ajustarme a dondequiera que estuviera en el mundo. En lugares donde el sol es fuerte y hay muchos rayos UV, me oscurezco para protegerme del daño.

El **clima** es el promedio del tiempo en un lugar particular. Incluye la temperatura, la precipitación y el viento, y todos son afectados por la fuerza del sol y por otros factores a lo largo de períodos de tiempo, medidos en años.

Tiempo atrás, todos los seres humanos en el mundo vivían en un solo lugar muy grande que recibía **mucha** luz ultravioleta: **África**. Después de miles y miles de años de vivir bajo un sol tan fuerte... ¡se oscureció la piel de todas las personas!

África es el segundo continente más grande del mundo, está en el ecuador y es el hogar de muchísima gente.

Cuando la gente se mudó a lugares con luz solar menos intensa, como Europa y Asia, empecé a perder un poco de oscuridad. Perdí parte de mi melanina. La mayoría de las personas no sabe que esa es la razón por la cual el color de la piel de la gente cambió. ¿A poco no es interesante?

 La **melanina** es un material especial de color llamado **pigmento**. La melanina viene en variedades oscuras y claras. La variedad oscura es la mejor para proteger al cuerpo del sol, porque absorbe los rayos UV.

La melanina oscura es un protector solar natural.
Trabaja mucho para poder protegerte de los daños del sol,
y es grandiosa para proteger el **folato** del cuerpo.

El **folato** es una vitamina importantísima para mantener tu cuerpo a la perfección. Se asegura de que puedas producir nuevas células y puedas reparar tu cuerpo más rápida y eficientemente. Pero el folato es muy sensible a la fuerza de la luz solar, así que hay que asegurarnos de comer cítricos, granos y vegetales porque están llenos de folato.

Sin embargo, si tengo demasiada melanina, mi cuerpo no puede absorber los beneficios del sol ni producir la vitamina D que mantiene al cuerpo saludable y ayuda al crecimiento de los huesos. ¡Por eso me gusta cuando comes cosas como pescado, lácteos, jugo y huevos, porque aseguran que yo tenga todos los nutrientes que necesito!

La **vitamina D** se produce gracias a ciertos tipos de rayos UV, presentes en la luz solar intensa. También podemos obtenerla de algunos alimentos, como el pescado y la leche. La vitamina D ayuda a que nuestros huesos crezcan derechitos y fuertes, también ayuda a que nuestros cuerpos se defiendan de resfriados y gripa.

Me llevó mucho tiempo acostumbrarme a estar en nuevas partes del mundo, ¡pero lo logré! Ahora que he estado por todos lados durante tanto tiempo y he conocido a tantas personas, puedo ser clara, puedo ser oscura, ¡y puedo ser todo lo que hay entre medio!

¿Crees que puedes encontrar tu propio color de piel en esta página?

¡Te apuesto a que sí!

Han sido muchas las situaciones que llevaron y trajeron a la gente de un lado a otro por el mundo, y yo iba con ellas. No hace mucho tiempo, casi todos los países del mundo obligaron a muchos africanos a trasladarse a Europa y las Américas.

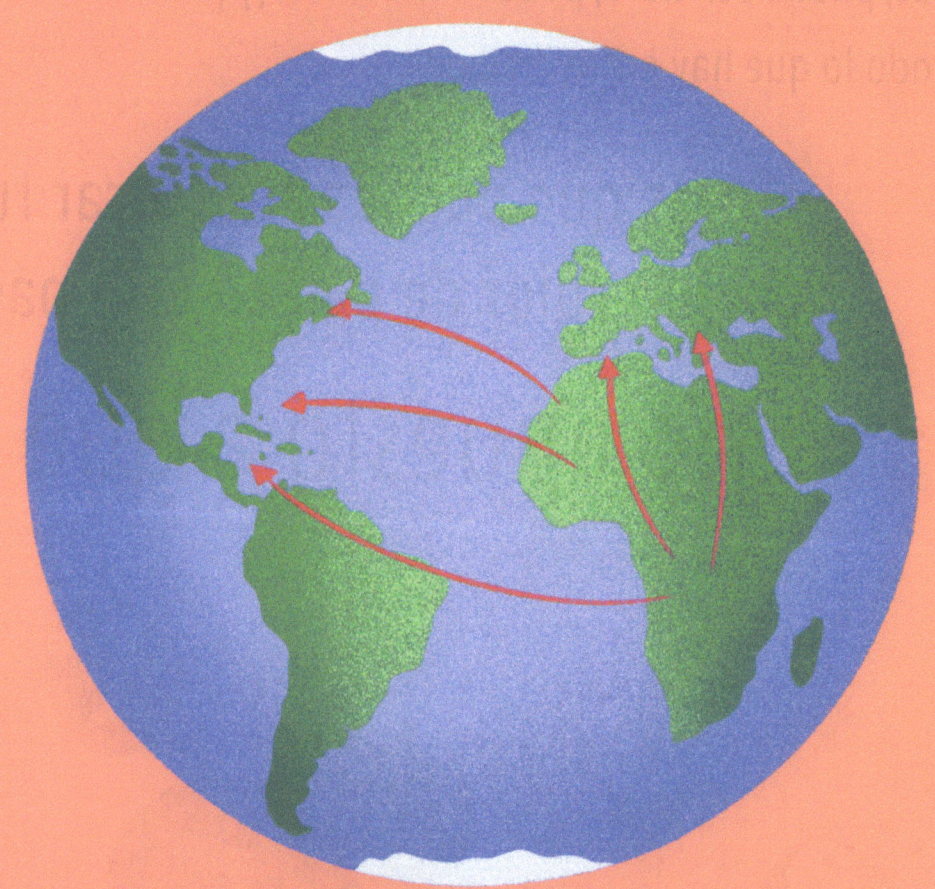

Mucha gente creía que podía decidir qué tan inteligente o importante era alguien solo con mirar su color de piel. Estas ideas tan crueles hicieron que fuera común maltratar a los demás.

A mí no me gustaba que la gente creyera
que mi color importaba,

Me hubiera gustado decirles:
¡es solo piel, oye!

Todos tenemos

nuestro propio

tono especial,

pero si lo

piensas bien...

¡Es solo piel!

El color de la piel solo puede decirte dónde ha vivido alguien o sus antepasados, pero no qué tipo de persona es—si es amable, cruel, inteligente o no, buena o mala. El único vínculo entre los diferentes tonos de piel es la latitud—no la actitud.

Pero ahora que sabes todo de mí ya le puedes contar a todos de tu amiga Epi Dermis. Cuéntales que puedo verme distinta y que para poder ser vecinas y vecinos, colegas, amigas y amigos o familia, mi color no importa, *¡Es solo piel, oye!*

BANCO DE PALABRAS

África

Humanos ancestrales

Folato

Cabello - vello

Melanina/pigmento

Rayos ultravioleta

Vitamina D

"¡Solo es ciencia, oye!"
por Nina G. Jablonski, Ph.D.

1. Podemos usar la ciencia para entender por qué tenemos los colores de piel que tenemos. Al igual que el resto de nuestros cuerpos, nuestra piel y su color son productos de la evolución.

2. Nuestros antiguos antepasados originaron en África. Nuestros parientes vivos más cercanos son los chimpancés, y compartimos un ancestro común con ellos hace unos siete a ocho millones de años.

3. Al principio de nuestra historia, teníamos mucho vello corporal, como los chimpancés. El vello corporal protegía nuestra piel de la intensidad de la luz solar y de otras sustancias dañinas.

4. Nuestros antiguos antepasados no caminaban a cuatro patas, sino que caminaban erguidos. Poco a poco, nos volvimos mejores en esto y pronto nos volvimos más activos, empezamos a correr y caminar rápidamente. Esto nos ayudó en nuestra búsqueda de comida y a sobrevivir cuando los depredadores nos perseguían. Hace unos dos millones de años, perdimos la mayor parte de nuestro vello corporal para ayudarnos a mantenernos frescos cuando estábamos muy activos en ambientes calurosos y soleados. También evolucionamos la capacidad de sudar mucho, y eso fue especialmente útil para mantenernos frescos.

5. Cuando perdimos la mayor parte de nuestro vello corporal, perdimos una gran protección. Para compensar esto, nuestra piel cambió mucho. Una de las cosas más importantes fue que nuestra piel se oscureció permanentemente. La piel oscura contiene un pigmento llamado melanina, que es un protector solar natural. La melanina impide

que la mayoría de los rayos ultravioleta (UV) de la luz solar penetren nuestra piel. El UV es en su mayoría dañino. Puede dañar dos moléculas importantísimas y esenciales para nuestra supervivencia: el ADN en nuestra piel y una vitamina llamada folato que circula en la sangre a través de la piel. La melanina es un escudo natural que protege las moléculas en nuestros cuerpos que son esenciales para la supervivencia.

6. Las personas modernas como nosotros, pertenecientes a la especie llamada *Homo sapiens*, evolucionamos en África hace unos 300,000 años y teníamos la piel oscura. Durante los primeros 230,000 años de

nuestra historia, todas las personas modernas vivieron en África. Durante ese tiempo nos volvimos más sofisticados en cuanto al desarrollo de tecnología, lenguaje, cultura y arte. Dependiendo de dónde vivíamos en África, el color de nuestra piel también fue cambiando, en su mayoría de manera sutil. Las personas que vivían en lugares con el sol más fuerte tenían la piel más oscura, y aquellas que vivían en lugares con menos sol tenían la piel más clara.

7. Hace unos 70,000 años, algunos pequeños grupos de personas salieron de África, siguiendo manadas

de animales en movimiento. Algunos se desplazaron a lo largo de la costa de Asia, otros viajaron hacia el sudeste asiático y Australia. Otros se dispersaron por tierra hacia Asia central y luego hacia Europa y el este lejano de Asia.

8. Las personas que se trasladaron a Europa y Asia oriental enfrentaron muchos desafíos, incluyendo condiciones más frías y menos la luz solar. En estos lugares, a luz solar contiene menos radiación ultravioleta (UV). Aunque la mayor parte de la radiación UV es dañina para nosotros, algunos rayos UV son benéficos en pequeñas dosis porque provocan la formación de la vitamina D

en nuestra piel. La vitamina D mantiene nuestros huesos fuertes y fortalece nuestro sistema inmunológico para que luchemos mejor contra infecciones y otras amenazas a nuestra salud. La débil luz solar en el norte de Europa y Asia dificultaba que las personas que vivían allí produjeran suficiente vitamina D en su piel para mantenerse saludables.

9. Las personas que tenían menos melanina, "protector solar", en su piel, le llevaban ventaja a la débil luz solar porque podían producir más vitamina D con mayor facilidad. Un proceso llamado selección natural provocó piel más clara. La selección natural

es una de las principales formas en que funciona la evolución. La información genética de nuestro cuerpo está codificada dentro de los genes, que están formados por ADN. A veces, pequeños cambios, o mutaciones, en el ADN permiten que las personas sobrevivan mejor en diferentes condiciones ambientales. Esta es la acción de la selección natural. Cuando las personas comenzaron a vivir bajo una luz solar débil, algunos de ellas experimentaron mutaciones que hacían su piel más clara. Aquellos con piel más clara sobrevivieron y tuvieron más hijos que los demás.

10. Cuando algunas personas de piel clara del norte o de Europa y Asia, lugares con poca luz solar, se mudaron a lugares con sol más intenso,

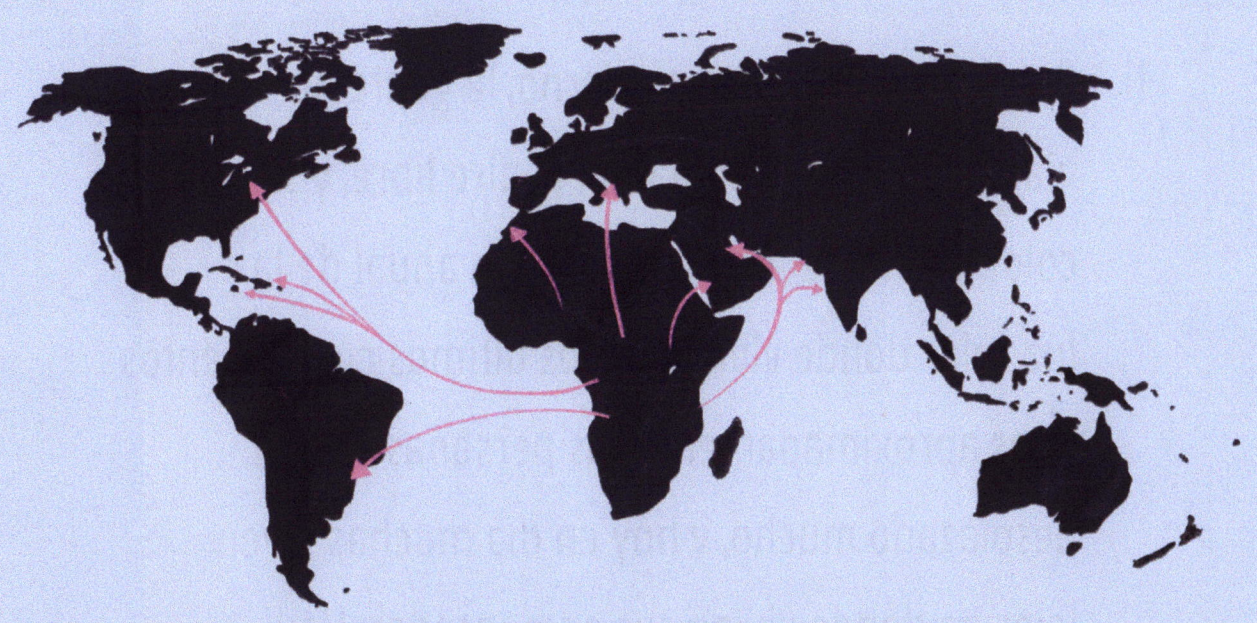

re-evolucionaron la pigmentación oscura en su piel a través de nuevas mutaciones. Es por ello que tantas personas en todo el mundo pueden broncearse sin problema. Esto ocurrió con los antepasados de la gente que vive hoy en India y con los antepasados de quienes se mudaron a América del Norte y del Sur.

11. Antes del transporte moderno, la gente no viajaba mucho. Trabajaban al aire libre, y su color de piel se adaptaba al ciclo anual de la luz solar donde vivían. En los últimos cuatrocientos años aproximadamente, las personas se han desplazado mucho, y hoy en día muchas viven lejos de donde vivían sus antepasados. Hay personas además que, por vivir en grandes ciudades, pasan la mayor parte de su tiempo en interiores.

Esto crea problemas de salud. Muchas personas—especialmente aquellas con piel oscura que no reciben suficiente vitamina D—pueden enfermarse. La gente que vive en lugares soleados o que vacaciona en lugares soleados puede sufrir serios daños a su piel por estar expuestos a la intensidad de los rayos UV.

12. Cuando la gente empezó a viajar y ver personas con diferente color de piel, lo notaron, pero eso no implicó ninguna diferencia en su forma de relacionarse entre sí.

13. La idea de que la gente con distinto color de piel pertenece a "razas" diferentes es un concepto nuevo en la historia de la humanidad, digamos que se ideó hace solo 300 años. Los científicos y filósofos que crearon las "razas" no sabían mucho sobre el aspecto de las personas porque no habían viajado mucho y tenían poca experiencia con personas de otros

países y culturas. Sin embargo, tenían muchísimas opiniones. Crearon "razas" que eran categorías que mezclaban características biológicas, tipos de personalidad y rasgos culturales, siendo las personas europeas ("blancas") las más destacadas. Debido a que estos hombres que definieron las razas eran muy respetados, sus ideas se difundieron ampliamente.

14. Hay estudios genéticos que demuestran que en su mayoría los genes del color de piel no están relacionados con los genes de otros rasgos físicos, como el color de los ojos, la textura del cabello o la forma de la cabeza. Todos estos rasgos evolucionaron de manera independiente y tienen historias separadas. Estos estudios también han demostrado que no existen genes para comportamientos específicos o características culturales. Es decir, no existe como tal una "raza" biológica de personas con rasgos biológicos, conductuales y culturales similares.

15. Durante el siglo XX, las fuerzas políticas poderosas de muchas partes del mundo insistían que algunas razas eran superiores y que otras eran inferiores. Esta idea ha sido difícil de superar, y ha causado muchísimo sufrimiento a muchas personas.

16. El concepto de "razas" está desactualizado y la gente sufre por este racismo porque hay quienes aún creen que las razas existen y que algunas razas son mejores que otras. Todos necesitamos hacer nuestra parte para acabar con el racismo.

El color de la piel evolucionó
como adaptación a la luz solar, y los mismos
colores evolucionaron en numerosas ocasiones
de manera independiente en diferentes partes
del mundo. El color de la piel no está asociado con
otros rasgos biológicos, tampoco está relacionado
con el comportamiento, la cultura o la inteligencia.
Cuando entendamos esto a un nivel profundo,
podremos tratarnos unos a otros como iguales y
trabajar juntos para mejorar toda la humanidad y la
supervivencia y el bienestar de nuestro planeta.

9 781966 783015

Printed by Libri Plureos GmbH in Hamburg, Germany